# 石筱山学术评传

中华中医昆仑

张镜源◎主编

中国盲文出版社

**图书在版编目（CIP）数据**

石筱山学术评传（大字版）/ 张镜源主编．—北京：中国盲文出版社，2015.12
（中华中医昆仑）
ISBN 978-7-5002-6789-8

Ⅰ．①石… Ⅱ．①张… Ⅲ．①石筱山（1903～1964）—评传 Ⅳ．①K826.2

中国版本图书馆 CIP 数据核字（2015）第 303217 号

# 石筱山学术评传

主　　编：张镜源
责任编辑：顾　盛
出版发行：中国盲文出版社
社　　址：北京市西城区太平街甲 6 号
邮政编码：100050
印　　刷：北京华联印刷有限公司
经　　销：新华书店
开　　本：700×1000　1/16
字　　数：42 千字
印　　张：6.5
版　　次：2015 年 12 月第 1 版　2016 年 3 月第 2 次印刷
书　　号：ISBN 978-7-5002-6789-8/K·393
定　　价：12.00 元
销售服务热线：（010）83190297　83190289　83190292

# 丛书编委会

# 前　言

中医药是中华民族的伟大创造，是世界医学宝库中的夺目瑰宝，数千年来为中华民族的繁衍昌盛作出了巨大的不可磨灭的贡献，至今仍是中国医药卫生事业不可分割的重要组成部分，在维护民族体魄康健、促进经济社会发展中发挥着不可替代的作用。

中医药学，是中华传统文化和科技文明的结晶，是勤劳聪慧的中华儿女在几千年生产生活实践中，在与疾病作斗争的过程中，创造的独具特色的医学科学体系。它有着浓郁的民族特色、深厚的文化底蕴和丰富的哲学内涵。经过一代又一代中医药传人、一辈又一辈名医大家的实践探索、薪火传承、总结完善、创新发展，逐步形成了系统的理论体系、独特的诊疗方法、丰富的医学内容、实用的制药技术。具有疗效确切、用药安全、应诊灵活、普适简廉和预防保健作用显著的巨大优势，在世界医学之林独树一帜，为人类的文明进步与医疗保健事业，已经并正在作出积极的贡献。

为了弘扬中华民族传统文化，彰显中医药学家的丰功伟绩，当代中医药发展研究中心与中国文学艺术界联合会、国家中医药管理局新闻办公室、中华中医药学会、中国中医科学院、北京中医药大学、世界中医药学会联合会等精诚合作，在国家中医药管理局的支持和指导下，为中华近现代百年来贡献卓著、深受敬仰的150位中医药学家，编撰出版了这部大型传记丛书。丛书采用评传体裁，记载他们的生平事迹、医术专长、学术思想、传承教育、医风医德、养生之道和突出贡献，使这些宝贵的医学成就和精神财富发扬光大，千古流芳。

丛书取名《中华中医昆仑》。昆仑山，被尊为“万山之祖”，柱西北而瞰东南，立中国而凭世界，凌驾乾坤，巍然屹立。以其高峻豪迈、绵延起伏的磅礴气势，寓意中华中医药学历史悠久、博大精深和永不衰竭；以其挺拔雄伟、高耸入云的恢弘气魄，彪炳一代中医药学家的丰功伟绩、杰出贡献和不朽勋业。

丛书入选传主，从全国范围推荐遴选，遍及中医药界各个领域。有临床家、理论家、药学家、教育家、医史文献学家；有名师亲授、世医家教、学派传人、院校毕业和自学成才者；有师徒并驾、父子齐名和伉俪联袂者。他们学术造诣深厚、诊疗技术精湛、临床经验丰富、学科地位崇高、科研成果丰硕、医风医德高尚、国内外影响较大，从医学理论到临床实践，为中医药事业的传承和发展作出了突出贡献，是近现代百年来中华中医药界的杰出代表。

丛书的出版，对于弘扬中华文化，振兴中医药事业，造就中医药人才，普及中医药知识，具有重要的现实意义和深远的历史意义。这是一项开创性工作，填补了我国为著名中医药学家大规模撰写传记的空白；也是一项抢救性工作，因入选传主已仙逝过半，许多亲历、亲见、亲闻的史料日见散逸，将之收集整理、编撰成书，功垂后世、利国利民；更是一项承前启后的工作，总结传主经验，传承中医药伟业，继往开来，光耀世界医学之林。这部医文结合，富蕴历史性、学术性、文学性和实用性的鸿篇巨制，对医疗、卫生、科研、教育及全球关注中华中医药文化的各界人士，都有重要的参考和阅读价值。

丛书的编撰出版，是一项巨大的中医药文

化建设工程，在策划、撰写、编辑、出版过程中，自始至终得到了国家有关领导、政府部门及社会各界人士的关心和支持。国家中医药管理局高度重视，并组织专家对全书进行终审；数百名专家、学者亲临指导，参与规划；有关省、市、自治区卫生厅、局、中医局（处）给予大力帮助；传主及其亲属、弟子热情支持、密切配合；撰稿人深情满怀、辛勤笔耕；编审专家尽心竭力、精工细琢；关爱中医药事业的企业家热心公益、慷慨资助；全体工作人员不辞辛劳、无私奉献，这一切使丛书得以顺利出版。对此，我们深表谢意。

由于时间紧迫和资料搜集困难，加之水平有限，难免有疏误之处，敬请广大读者批评指正。

中华中医药学，历史悠久，源远流长，发端于远古，奔向于未来。百年对于历史，不过是短暂的瞬间；百人对于万众，不过是沧海一粟。然本丛书所记载的百年百人，则无疑是波澜壮阔的中医药发展史上辉煌的篇章和光芒闪烁的璀璨星辰。

张镜源

# 目录

学医先要学做人，医生治病救人，要有耐心、细心、关心，还要有舍己为人的割股之心。

——石筱山

石筱山（1904—1964），著名中医骨伤学家、教育家，上海著名中医骨伤科石氏世家石晓山次子，石氏伤科第三代传人。原名瑞昌，字熙侯。江苏无锡人。1918 年就读于神州医药专门学校，辍学后从父侍诊，继承祖业。1924 年临诊主持伤科，兼事针科、外科。1929 年起与胞弟石幼山共设诊所，悬壶济世。

1952 年，石筱山任上海市公费医疗第五门诊部特约医师。1956 年，上海中医学院成立后，任伤科教研组主任，兼附属龙华医院伤科主任。被评定为上海市一等一级中医师。同时任中华医学会理事，上海市中医学会副主任委员兼伤科学会主任委员，上海市卫生局、上海第一医学院、华东医院等医疗单位伤科顾问。曾担任第二、三届全国政协委员等职。

在学术上，石筱山重视“十三科一理贯之”，强调伤科临床以中医基础理论为指导，擅于外伤内治，强调气血兼顾，以气为主，以血为先；认为骨创伤病变多兼痰湿，故诊治不仅筋骨并重，还应治兼邪而重痰湿；创立正骨手法“十二字诀”。以其临床疗效卓著而享誉国内外，被尊为上海伤科八大家之一。石氏医学也以独特的儒医伤科而自成门派，矗立于当代医林。他不仅突破传统伤科的狭隘境界，而且倡导现代伤科流派以博大襟怀走融合之路，以其特色方药纳入世界非物质文化遗产，标志着石氏伤科已走出国门，正一步步走向世界。

论著有《“筋骨损伤”治略》、《祖国伤科内伤的研究》、《伤科论治一斑》、《石筱山医案》等专著，与石幼山合著《病因及伤科病因的探讨》、《脑震伤的理论探讨》、《石氏伤科经验介绍》，编写了上海市第一届西学中研究班教材《伤科讲义》，并著述《从医史中认识祖国伤科的成果》等，对伤科史略、病因、证治等深有探讨。

20 世纪 50 年代中期，石筱山将多年的研究成果、祖传治疗初伤和老伤有特效的“三色敷药”“损伤风湿膏”等公之于世。这些秘方后来成为上海中医药大学附属龙华医院、曙光医院、岳阳医院以及黄浦区中心医院等骨伤科外敷治疗的看家主药沿用至今。

其学术继承人：石氏伤科的第四代，有石仰山、石纯农，以及杨锦章、诸方受、诸福度、陆品兰、施杞、石印玉、石鉴玉等人。

## 武术伤科起风尘<br>一理贯之立门庭

清道光年间（1821—1850），一辆辆插有“石记镖局”的镖车，风尘仆仆，车轮辘辘，常奔走往来于太湖至山东各州县的官道上。主持镖局的班主石蓝田，便是“江南石氏伤科”的始祖。

石蓝田，字兰亭，祖籍江苏无锡前洲镇石家宕，精通武术，擅长元末明初武当真人张三丰的内家拳路，在无锡开设镖局，护送南北客商，在山东道上颇有威望。从谋生而论，有了武术就能闯荡江湖，称雄一方。

在石蓝田晚年，西洋枪炮传入中国，他意识到，火器胜于武术，“刀枪不入”的神话时代将一去不复返。武术可防身健体，但不能再像以前那样称雄江湖了。当时票号、银行兴起，镖行生意凋零，他审时度势，遂解散镖局，一心从业岐黄。这个决策决定了石氏家族往后几代人的前途和命运。

19 世纪中叶，太平天国与清政府军在华东一带鏖战，苏、锡、常等地人民受到的蹂躏尤甚。太平军被镇压后，清政府的大清洗，使民不聊生。但是，反清义军如捻军、南方小刀会等民间组织仍在此起彼伏地浴血奋斗。石蓝田虽未参加太平军，但曾置身江湖，故被清政府视为社会不安定分子。他遂从无锡举家东迁，来到上海南市杨家渡新新街定居。

清光绪六年（1880），石蓝田在新新街正式挂牌开设医馆，新新街便成了“石氏伤科”的发祥地。凭借过去长期闯荡江湖的伤科临床经验，石蓝田对骨折脱臼积累了独特的治疗方法，并兼治内伤杂病和各种兼邪。

石蓝田之子石晓山（1859—1928），名荣宗，以字行，石氏伤科正式悬壶行医的第二代传人。正是这位石晓山，日后名震上海滩。

石晓山天资聪颖，既继承父亲的武术功夫，更继承了石氏医术。难能可贵的是，他不仅继承医道，更着眼于发展，在总结父亲和自己实践经验的基础上，特别重视明代薛己“十三科一理贯之”之论，把其他医学学科理论和专长引入中医伤科，既提升了伤科整体观念，更使武术伤科在理论上具有系统性。

“十三科一理贯之”，是指各种疾病都离不开中医基础理论，伤科亦不例外。损伤涉及内外各科，伤科疾患离不开内治法，而有些患者本不属损伤范围，但经石氏伤科诊治，也能够“屡起沉疴”而恢复康健。伤科与针灸、推拿也关系密切。因此，伤科医生不仅要懂得伤科用药，对其他各科也要联系贯通，立方用药，一定要全面周到。这样，遇到疑难杂症才不至于慌乱无措。

光绪至民国年间，石氏父子医道逐渐为大众称道。作为武术伤科，石家有一套高超的正骨手法，同时还有家传治疗跌打创伤的金疮药。

石蓝田将多年精心研制的伤科秘方“痰核膏”和“三色敷药”作为遗产分别传给石晓山、石颂平父子，“三色敷药”贻子，“痰核膏”（现名“消散膏”）传孙，可见他将子孙并列，对长孙尤多器重。

当年石蓝田有一套六十四式棍法称雄江湖，讲究手、眼、身、法、步，极其灵动。石晓山继承了这套棍法，施展起来，矫健灵活，变化百端。石晓山还擅长“内家拳”，是在张三丰“张家手”拳路上演化而来。开练时，蜻蜓点水站立在五根木桩上，俗称“梅花桩”。腰板挺直，然后在桩上左右旋转，闪转腾挪，步伐稳健轻盈，自慢渐快，由缓转疾，练毕犹面不改色，气不喘急。

功夫与医术相结合历来是伤科一大特色，正因为石晓山武功了得，所以虽至晚年，体力强健，运用手法接骨入骱，娴熟敏捷，只有很少助手甚至单独操作时，仍可应付裕如。可是，由于后来“石氏伤科”名声大振，医务繁忙，石晓山不仅自己无暇练功，也未将这些武艺传给后代子孙。竟至石氏伤科医道愈益精进，而武功却荒废了。这是令人扼腕叹息的荒废。伤科正骨入骱的手法，若要有漂亮的身手，就必须有强健的身体和足够的体力。石氏后人为了修学医理、学习儒学，调研伤科医学历史，竟然丢失了优秀的武术，实是可惜。

石晓山早年进入中华医学研究所，被推为评议员，在该研究所附设医院担任伤科主任。他平时好与同道讲论学术经验，与名医殷受田、金百川等多有交往，从而了解各科的理论和治疗，充实衍化于伤科临床。其孙石印玉曾讲过，在无锡家乡见过石晓山遗留的手术处方，分析其方解组合，实为内科常用补中益气汤的增删。石晓山治疗劳损的常用方，都是把金元时期医学家李东垣治疗劳倦和明代医学家薛己调益脾肾的学术见解用于治伤。常用草乌或麻桂温经汤治损伤兼有寒湿，用参合逍遥散治损伤兼有郁怒，都是受内科理论的影响。这也是薛氏“十三科一理贯之”在伤科临床的具体体现。

石晓山热心社会活动，对上海邑绅李平书等集资创办的上海红十字会沪城分会大力襄助，平时施诊给药，每逢战事，必参加义务救护队，救治伤员。他平生仗义疏财，亲友因困借贷，必予济助。诊治时，遇有贫苦病人，不仅不收诊金，还资助配药费用。有一友年底手头拮据，相商借贷，当时石晓山手头亦不宽裕，老母妻儿，全仰仗他一人谋生资养，但他毫不犹豫，毅然从房内捧出一件缎料马褂，嘱友拿去典当质钱，以应急需，颇有热肠侠义之古风。

每得暇，石晓山除练拳脚，还喜哼唱昆曲。

每当晚上酒余饭后，心情舒畅时，拍板哼曲，以尽雅兴。

石氏自无锡迁沪后，寓南市鸿界杨家渡码头新新街，四间平房兼作住所及诊所。至20世纪20年代，随着业务发展，就诊者日多，乃迁入原住处对面的新新街六十七号。1933年再搬迁至吕宋路（今连云路）三十一弄三号。吕宋路邻近八仙桥，为当时英法租界的分界线，石氏诊所地跨两界，路对面即是稍后建成的新城隍庙，来往者众多，但就诊者大多为中国民众。

提起石晓山及吕宋路新城隍庙时期的石氏伤科，老上海几乎家喻户晓。这与杨家渡码头时期的石氏伤科不可同日而语，只要随便问起，连三轮车工人也会把你送到新城隍庙的石氏诊所。

石晓山有三子。长子瑞清（1884—1919），字颂平，精通医道及武艺，对外科极有兴趣。颂平与外科医师李瑞林相交甚厚，李将几张秘方传授于他，颂平因此得益颇多。后颂平曾在外郎家桥街位中堂开诊，求治者甚众。1919年，石颂平34岁，正当盛年，可惜因肺疾而英年早逝。石晓山60岁丧子，实乃石氏家门之不幸！幸而颂平有子嗣石纯农，1938年毕业于上海中医学院第十八届，后从叔父石筱山继承祖业。

次子石筱山，生于1904年10月15日。1918年就读于中国最早的中医学校之一——医界前辈余伯陶、包识生、薛文元等人于1918年创办的神州医药专门学校，曾与包天白、程门雪等人同学。因颂平早逝，筱山乃辍学襄助父亲诊业。

季子石幼山（1910—1981），原名瑞珣，字熙伯，曾就读于丁甘仁创办的上海中医专门学校。由于长子颂平亡故，石晓山料理诊业缺少左膀右臂，便让筱山、幼山兄弟俩相继辍学，襄理诊业。

石筱山于1924年独立应诊。他秉性聪颖好学，年少时侍诊案旁，研习家传，弱冠即悬壶问诊。石筱山对待病人耐心体贴，有问必详细解答，从不厌烦。遇到移位骨折重病，必亲自矫正复位，亲手为其外敷伤药，用夹板固定。遇到衣衫褴褛的贫苦者，视同亲人，从不嫌其脏臭。加之医术不在乃父之下，因此，在青少年时即深受病家爱戴，病人常争先要“看小医生”。其父见此，欣慰异常。

石晓山谢世后，筱山、幼山兄弟共设诊所。因他们二人均接受过正规教育，自然是境界不同、起点亦不同，青出于蓝而胜于蓝。筱山、幼山均善于学习，既学前辈经验，亦取同辈之长。两人从李瑞林和兄长颂平处学习治疗外科疾病的方法和经验。对同辈则在交往中吸取其点滴之长，充实于临床。在新新街时，幼山的岳父张杏荪亦儒亦医，幼山即向岳父学习以轻灵药治内科外感热病。石筱山的许多独到见解，皆由虚心学习得来，他融会百家，经常向当时一些外科、针灸科名医学习，不断充实丰富自己的实践经验。他虚心向针灸名家黄鸿舫学习，得到黄氏亲炙传授，在伤科和针灸史上留下了可贵的一笔。后来，有人意外受伤，被送到诊所时仍处于昏迷状态，他在病人的人中或素髎穴上刺上一针，顿时使病人从“弥留”中苏醒过来。观者惊叹为起死回生之术，愈神其技。

实践出真知，石筱山的经验来自实践。由于经验丰富，他能在没有 X 光机设备检查的情况下，单凭视觉观察比较，双手摸索按捺，辨别出患者是粉碎性骨折、骨裂，还是一般性骨折。

石筱山从医不仅尽得家传，而且在原有基础上有所发展，年纪轻轻便声名鹊起。他把石晓山“十三科一理贯之”的理论进一步深化，主张治病务求灵活，不拘泥墨守，尤其是伤科，不能单凭几张家传秘方来通治一切跌打损伤，应该根据不同病情，察其体质，审其阴阳，这样立方用药才能更有效。

在给患者治病时，石筱山不仅有一套骨折复位的好手法，而且往往是外敷祖传膏药，内服中药，再施以针灸配合，数路并进，既疗效神速，又能将病根拔除。

石筱山还积累了治失荣症的经验。此症为外科病，皮肤溃破，久不敛口（今诊断为癌性溃疡）。有一患者为福建人，病体虚弱，疮大如碗，多方就治无效，石筱山用药内服外治，病人神色日见好转，疮面亦敛，经 30 余诊后疮病消失。

石氏的诊治范围广，融各科学术及多种疗法于临床，得效颇佳。当时社会上的知名人士如卢筱嘉、黄延芳、陈光甫等都深信石筱山医术高明，不论内外病症，都延请调治，他亦能做到药到病除。

由于卓著的疗效和淳厚的医风，“石氏伤

科”的名声不胫而走。石氏诊所里每天都接诊三四百人。郊县四乡的病人也慕名前来就诊，甚至半夜即来排队候诊。这些病人的心理都一样：就诊不计路程远近，即使辛苦劳累一点，只要能得到石医生亲自看一回，便觉病减三分。石筱山深知病家这种心情，故尽量满足他们的要求。但个人的时间和精力毕竟有限，不可能对所有病人事必躬亲，他就将老人和疑难重病者优先处理。实在无法亲自处理时，必善言安慰，并推荐子侄辈及门人襄诊。为了尽量满足病人的要求，他悉心诊治，常常顾不上吃饭，午饭延迟到下午两三点钟才吃，晚饭七八点钟才吃，这在石家习以为常。

与父亲石晓山一样，石筱山热心社会福利事业，凡社会公益善举，总要带头响应。20世纪50年代，嵩山区人民政府卫生科交给刚参加公职的张镜人一项任务，让他在全区范围内组织开展一次预防天花接种牛痘的活动。在完成接种牛痘任务的同时，还要搞募捐赞助。张镜人在发动群众时为难了，找谁打头阵呢？他想到了历次募捐都带头的石筱山前辈。后果然得到石筱山的带头行动，张镜人领导的嵩山区种痘工作和募捐任务不但顺利完成，而且在全市各区中名列前茅，受到政府的嘉奖。

平时接诊遇到贫困者无力负担医药费时，石筱山还另外出钱，送给病人去购药内服，并再三叮嘱，一定要继续就诊，千万不要因不好意思而延误病情。当时石氏诊所还备有“赎药（购药）折子”，即与药店建立彼此信任关系，凭折子可在药店记账取药，到年底一次性结账。当遇到贫困患者，石氏兄弟就凭这种赎药折子施诊给药，看病后把折子交到病人手上，方便其记账取药。

石氏诊所求治者众多，石筱山、石幼山两兄弟精力有限，应接不暇，于是配备助手，一人专门写方，一人配合复位、理筋、敷药、包扎。当两兄弟共同应对病人时，他们便一面做治疗，一面口授医案处方，由助手代笔记录。日子久了，助手们熟能生巧，配合默契，事半功倍。由于门人子侄辈的襄诊，遇到重病和疑难病患者才由兄弟两人亲诊，这样，诊治病人的速度大为提高。

兄弟两人诊治的急性损伤面广量大，每日必有相当数量的骨折脱位病例（从现存资料回看20世纪50年代后期诊所收治简况：当时两年内收治髋关节脱位10例，3个月内收治小腿胫腓骨骨折50余例），其中不乏诊治失时、延误十几日乃至近月的陈旧性脱位者，由于石氏兄弟手法熟练，助手配合得当，均能得到良好复位。对某些部位棘手的骨折，如儿童肘关节稍上的肱骨髁上骨折，复位不当或包扎不善均易致前臂肌肉缺血性坏死，而使手成爪状畸形，难以恢复，复位位置不够满意又易造成肘部像枪托一样的畸形。石氏兄弟治疗此类骨折复位准确，包扎匀贴，愈后无明显畸形。如前臂双骨折，有的病例多处就诊，皆称必须手术，而石氏兄弟用简单的手法即可使之达到满意的复位，日后恢复亦佳。诸如此类被认为必须手术的骨折，经两兄弟治疗免受手术之苦且效果良好者不乏其例。对一些确需手术才能整复者，他们则退还诊金，嘱其速去西医骨科就诊。

## 临床治伤夺天工
## 患若知觉骨已拢

“患若知觉骨已拢”，此七字句是从旁观者角度描绘石氏伤科运用手法之神速、取效之神奇的。后来为石氏伤科所用，作为教育弟子必须掌握手法之要领和口诀，要求手法务必熟练、迅疾，快中求准，以解除病人的痛苦。

髋关节脱位，俗称“大转子脱臼”，由于臀部及大腿部肌肉丰厚，施术者难以着力，加上当时麻醉药下的施术尚未普及，所以整复难度极大。为了减轻病人的痛苦，整复时要求施术者动作熟练、迅速而准确，务必做到以迅雷不及掩耳之势，一气完成一连串的动作。石氏兄弟确实做到了这点，故在群众中口碑甚佳，影响极深远。

有几个石氏伤科正骨理伤的病例，由石筱山与门人共同完成，至今在门人看来也仍感惊心动魄。

一个是父子先后骨伤。先是岳阳中西医结合医院的伤科老专家、石氏门人沈德骅，早在20世纪30年代读中学时，因为不慎跌跤，致右臂腕关节桡尺骨双骨折，在石医生救助下复位，伤愈后功能恢复正常，与健侧无异，没有留下任何后遗症。其后沈的父亲，一位圣约翰大学毕业生、铁路线广告科职员，因乘坐的马车上桥时马惊车翻，人从车上跌出，致右腿髋关节大转子后脱，先请北京西路蓝十字会的正骨专家张大夫出诊。张大夫顾虑难度大，非医道高明者不能胜任，未敢承接，遂转请石筱山带徒弟出诊。年轻的沈德骅当场目睹了那一令人震撼的整复过程。病人取卧位，疼痛呼号连天，围观者莫不动容。两位门人协助，先由一人从腋下环抱住病人头胸部，另一人抱住下肢部，施术者石筱山站在病人右侧，当各就各位，一声令下，助手同时用力拔伸，医生做手法，顷刻之间，手法完成——“患若知觉骨已拢”，患部即刻复位。病人没有伤痛，当即搀扶起立，刚刚还因痛苦难忍而扭曲的面容即刻启颜为喜。正是因为父子两人亲身经历脱臼骨折，又目睹了石医生正骨理伤的精湛医术，沈德骅非常羡慕救死扶伤的医者这一职业，于1944年考入上海新中国医学院学习中医，1948年毕业后投师于石氏伤科门下。

另一个病例，发生在著名京剧表演艺术家盖叫天身上。盖叫天为艺名，原名张英杰(1888—1970)，河北省高阳县人，南派名武生。京剧武生是个高危行当，打斗涉险，极易受伤。1934年5月，46岁的盖叫天在上海大舞台与陈鹤峰合演《狮子楼》，他扮演武松。当时，上海大舞台为了吸引观众，特地设置许多布景，并在台上搭了一座两丈多高的酒楼。戏中演至武松去狮子楼寻西门庆，西门庆赶紧从楼窗跳出逃逸，武松不顾脚下窗栏，纵身一跃，正在半空中，盖叫天忽见陈鹤峰饰演的西门庆还躺在地上，紧急中，迅疾在空中一闪身，不料用力过猛，落地时只听“喀嚓”一声，右腿胫骨竟被折断！一霎时疼痛难忍，痛不欲生。他不愿意在观众面前出丑，便倾注全力以左腿“金鸡独立”的英武姿态亮相。观众看到此处，掌声、欢呼声此起彼伏，经久不息。可当幕完全落下时，他一头栽倒在地。

这时不是谢幕，而是短暂的幕间过渡，戏还在继续，过场锣鼓还在催打，箭在弦上不得不发，想送盖叫天马上去医院势所不能，他不愿中途撂下观众。“救场如救火”，于是打电话请石筱山救助。

石筱山万分火急赶到剧院，经手法触摸（当时没有手提式 X 光机，故手法诊断在伤科尤其重要），即判断是“胫骨骨折”。按照常规，如此严重病情，应该马上停演休息，去医院拍片，然后研究治疗方案。但盖叫天提出，希望暂时处理一下，待演出结束再去医院。石筱山充分理解戏剧界艺人的艺德，任何时候、任何情况下都要对观众负责。于是，仅在短短几分钟里，石筱山便完成了紧急处理：予口服止痛药，采用正骨理筋的手法，一是将断骨整复，二是顺势将筋脉理顺，消减肿胀，再以小夹板暂时固定。开始时刚触及伤处，钻骨的痛楚令盖叫天额上虚汗直冒，面色变青。但盖叫天真无愧为奇男子，硬是紧咬牙关，终于使自己没有哼出声来。他配合医生，让医生放胆动手。石筱山的手法灵妙，使病人刺骨之痛顿减，达到可以忍受的地步，血色又重新回复到盖叫天的脸上。

当场内观众看到盖叫天又复出场，都鼓掌叫好。后来这一令人怵目惊心的内幕不胫而走，人们无不深感崇高和悲壮，盖叫天的艺德和石筱山的医术更令人肃然起敬。后人称赞道："石筱山的正骨，盖叫天的神勇，堪与三国传说故事华佗为关羽刮骨疗毒相媲美。"此案例堪称为医家和艺术家之绝唱，在民间和演艺界曾经传为美谈。完美的艺术表演后面蕴含着艺术家的崇高艺德，而这艺德又紧密地联系着医德医技。作为医生，只有精益求精、医道精进，才能挽救病人的生命；作为表演艺术家，只有高超的表演艺术，才能尽善尽美地塑造艺术形象。艺术家的德高艺精，才能使观众一气呵成观赏完美的艺术。只有德艺双馨的医家，才能演绎出如此动人的助人为乐、成人之美的篇章。

手法是伤科治疗的重要环节，也是中医伤科的特色。石筱山强调："手法是医者用双手诊断和治疗损伤的一种方法。"手法应用于临床首先是诊断，通过比摸患处正确诊断是取得满意疗效的基础，然后是手法治疗。以往无X光机检查，损伤的性质、程度、特点均由手法而得。石氏强调的“双手诊断”，即使在目前X光机十分普及的情况下仍极有意义。仔细的手法比摸可了解治疗的进展情况，有时还可发现早期X线片上难以表现或由于投射角度而误诊的骨质损伤。故有人说“石筱山的双手真比X光还要灵!”

石氏手法以“十二字”为用。手法要点为“稳而有劲，柔而灵活”。其“十二字”要诀是：拔、伸、捺、正、拽、搦、端、提、按、揉、摇、抖（亦作转）。其中拔、伸、捺、正四法主要用于正骨，拽、搦、端、提四法用于上骱。拽是向前拉，搦是握住，端是端托，提是上提，双手并用，左右分工。如右手端提，相机而行，左手为辅，辅之以拽搦。按、揉、摇、抖四法多用于理筋。外治手法是石氏伤科治伤的一个重要环节，“夫手法者，谓以两手安置所伤之筋骨，使仍复于旧也”“必素知其体相（了解掌握解剖结构），识其部位，一旦临证，机触于外，巧生于内，手随心转，法从手出。”

石氏伤科对于伤骨的诊治有系统的理法，如骨折时痛的重点不在肌肉，而在骨骼，不在周围组织，而在局部受伤部位。处理时，先纠正骨位，然后夹裹、敷药外治。近关节骨折的处理，夹裹时间不宜过长；破皮断骨处理，先须清创，止血须防作脓，然后用手法按平夹裹。内治分早、中、后三期。骨折处理：事前必须仔细比摸和视折审断。严重的骨折，多呈重叠或交错，要细致地拔、伸，耐心地按、捺、平、正，然后敷药，绑扎固定。所谓“制器以正之，用辅手法之所不逮”。固定的重点应在“断端左近”，用三条带缚，以“中心一条带为主”，缚时要适当压紧，两头可以较松。“压紧”的目的，是使骨位不致移动；“较松”的道理，在使血气得以流通；尤其在近关节处，更宜注意其屈伸活动。

脱臼处理：上骱时宜两手并用，左右分工。右手为主，左手为辅，摸清骱位，右手或端或提，相机而行。左手亦须随着相辅，或拽或搦手法，都要稳而有劲，柔而灵活。

伤筋处理：多注意各个关节处，因为伤筋大多由扭捩而起，易伤筋膜。如肘或膝部损伤后，局部高肿，筋络离位突出，屈伸不利。施以手法后，往往局部高肿消失，伸屈自如（倘肿而不显者，多数复原较迟）。骨折接续后期易于僵硬，应适当而且不断地（因人、因事及时地）运用按、揉、摇、抖等理筋手法。接骨前后亦须注意理筋，理顺筋络，纠正关节微细的错位，使其活动顺和，以符“动静结合”的治疗原则。

石氏手法，有两点值得注意：一是“这十二手法在应用上并没有严格的界限，无论正骨、入骱、理筋，都可以随着需要互相换用”，也就是不要机械地划分正骨手法或理筋手法；二是将绑扎固定的方法认作是手法的范畴。绑扎固定的质量与治疗后果直接相关。绑扎固定后的外观应是与肢体匀贴，且能维持到下次复诊，外观臃肿或松散的包扎则难以达到固定目的。虽然绑扎固定与手法有所不同，但石筱山把绑扎固定提高到手法的同等高度加以认识，极具现实意义。中医伤科的包扎术是随着实际需要从实践中创造出来的，并在实践中逐渐发展。石氏伤科的包扎术是在古人基础上的改进。对骨折病人，各家伤科都取夹板固定，对绑扎的松紧度也有一定要求。绑扎过松或过紧都对病人不利，过紧不利于血液循环，过松则起不了固定作用。夹板固定，一般需要做三道扣结。如何打好三道扣结，各家都有讲究。如果每一道扣结都作死结，当三道扣结完成而需要调节松紧度时，势必会有一个返工的过程，这不仅延宕时间，而且会加重病人的痛苦。石筱山处理三道扣结却有奥妙所在。他也打三道扣，但是每道扣都不是打成死扣（一般在绑带衔接处只绕一环，为了防止松开，不得不打成死结），而是打成双道环扣，奥妙在于环扣（在绑带衔接处绕两圈），而不是死结，这便于松紧调节，又不会自动松解；当需要调节时，三道环扣可以同时调节，直到松紧适宜，最后再打成死结。这既缩短了上夹板的时间，也能减轻病人的痛苦。因为石氏非常看重夹板固定，所以他将夹板固定也视为正骨手法之一部分。

石氏伤科常规处理方法是手法与针药并施。如腰部急性扭伤难以起立，病者卧在门板上由家人抬送就诊，先予针刺，往往刺三四针后即霍然而起，继则稍予按揉腰窝，便可手到病除。又如头部内伤昏迷不醒者，施以针刺使之苏醒，继则用药物调理。石筱山自备金针，他的金针都是由真金制成。

石筱山亲自为病人敷贴自制的红布膏药。

如何给病人敷贴膏药，也有一番讲究，于这种细微处最能体现石筱山对病人倾注的爱心和关切，真是无微不至。在办公桌上，他常置一盏酒精灯，这是给病人敷贴膏药煨制烘烤时用的。烘烤膏药时，抓住膏药布面的对角，先烘软膏药面，然后对折揉搓，撒入一定量的药粉，再次加以揉搓，使药粉分布均匀。添加药粉意在增强药力的渗透。这药粉有两种，一种是丁桂散，由丁香、肉桂制成，渗透力较弱，用于新感初发的病人；另一种是桂麝散，麝香名贵，价格自然要贵些，渗透力较强，专用于老伤病者。药品不在贵贱，而在于对症而施。上过药粉揉搓后，膏药可能有所冷却，因此必须再度加温。当药膏将要贴到病人身上时尚需要有合适的温度，温度过高，粘到皮肤上，不但不能治病，还可能将皮肤烫伤，加重病人痛楚。所以还必须有一个调试温度环节，就是将膏药的背面（即布面）在病人身上或在自己身上试温，当病人能够接受时，便把膏药面贴到病人身上。这些细节看似繁琐，却能体现石氏对待患者关怀周到、对待工作严肃认真的态度。

# 伤科秘要重气血
# 痰湿论治勘虚实

20 世纪 30 年代上海电台有一档节目，为陵南轩主讲故事。此人平素钦佩石筱山的医术。某日石筱山在陵南轩主家中诊病，突然同幢房子中的邻居中暑闭气，牙关紧闭，手足冰冷，人事不知。陵南轩主得知此情，便涉足前往。他一片热心，嘱众人且安静，称："今有上海一位大医生在我处，可请他前来诊治。"石筱山应诊急救，即予针刺，不多时病人便悠悠醒来，且口渴索饮。此事一时传为美谈。而陵南轩主也因此事，其档期节目从此更受欢迎。

石氏伤科之所以深受欢迎，一是医德好，二是医术好，所谓德艺双馨。石氏伤科的学术理论颇具特色，概括有四个方面：

第一，气血兼顾，以气为主，以血为先。论疾病发生之理，中医基于阴阳而归结于气血，“血气不和，百病乃变化而生”。石筱山认为，伤科疾病，不论在脏腑、经络（脉），或在皮肉、筋骨，都离不开气血。气血之于形体，无处不到。由此可见气血的重要性。气属阳而血属阴，气血是人体的物质基础，因损伤而致的疾病，都关乎气血阴阳之变。

石氏伤科理伤基本原则是气血兼顾而不偏废。形变肿痛之恢复，百节活动之屈伸，皆依赖气之充也；血的化液濡筋，成髓养骨，也依靠气的作用。故理伤兼顾气血而“以气为主”；积瘀阻道，妨碍气行，又当祛瘀，瘀除气才得以行，故又“以血为先”。即以新伤来说，一般的内伤，有时发作较缓，受伤后，当时或无甚感觉，过后则发作。此类病情，治法多“以气为主”，予以通气、利气。倘为严重的外伤，如骨折、伤筋、脱臼等，其病态立现，其治则“以血为先”，予以祛瘀、化瘀。是所谓“治伤先治血，血行气自达”。临床所见，症情变化多端，必须随机应变。

“肢体损于外，气血伤于内”含有两重意义：一是说如果受到外伤，筋骨皮肉固然首当其冲，但气血亦同时受到损害。二是任何外伤，除皮、肉、筋、骨有损伤外，必然会形成“血瘀”肿胀，阻滞筋脉引起疼痛。特别是脊柱受伤形成压缩性骨折，疼痛剧烈，转侧起坐艰难；而胸闷腹胀，便秘纳呆，则是“气血伤于内”的征象，因此，导致“气滞”和“血瘀”。如果人体某一部分或某一脏腑发生病变或受到外伤，气的流通发生障碍，可出现“气滞”的病理现象，表现为疼痛、胸闷、腹胀、便秘、纳呆等。尤其遇到内伤，如胸胁挫伤、腹部挫伤，更为多见“气滞”症状。“血瘀”则表现为全身血流不畅，或血溢脉外，局部有“离经”之血而停滞，出现肿胀、青紫、疼痛。

对于损伤的治疗，石筱山强调首当气血辨证。气与血不可分开，“气运乎血，血本随气以周流，气凝则血亦凝矣”。有些外伤仅局限于小部分肢体，造成血瘀青紫肿痛，似乎与气无关，对于气血运行正常的健康患者来说，这是因为每能迅速恢复；而对于体质素来羸弱，特别是气虚患者，虽轻微外伤，但肿痛等症状却迟迟不易消失，治疗中每需加入理气之药方能奏效。在伤科临床治疗上，有时虽然有所侧重，但两者均不可偏废。单纯用活血化瘀药或者单纯用理气药的情况是极少见的。

第二，筋骨并重，内合肝肾。伤科疾病很大一部分是伤筋动骨。《黄帝内经》有十二经筋的名称，配合十二经脉，多起于四肢、爪甲之间，终于头面，内行胸腹空廓，主要功能是连属关节。人体的俯、仰、屈、伸等一切动作需筋来支持运动。骨是立身之主干，主要功用是支持人体，保护内脏免受外力损伤。筋束骨，骨张筋，筋与骨的关系极为密切。石氏把强筋之理融于伤科，更有发挥。在治疗上筋骨并重。特别是骨折、脱位，要求治骨同时治筋。早期被动和主动的功能锻炼，也要求骨筋并重。

中医认为，筋骨与肝肾两脏密切相关。肝主筋，肝藏血，肝血充盈就“淫气于筋”，使筋得到充分濡养，筋强才能“束骨而利关节”。肾主骨，肾生骨髓，肾藏精，精生髓，髓养骨，就是指骨的生长、发育乃至损伤以后的修复，要依靠肾脏精气的滋养。凡外伤疾病，从现象上看是受外来暴力所致，而实际上不健康的身体受轻微之外力，亦能引起伤筋伤骨。从伤科角度讲，年老体弱者，肝肾精血较衰，极易发生骨折，且骨折后愈合较差，这就是因为肝肾不足。青年人肝血肾精旺盛，也就不容易外伤筋骨，即使受伤也容易恢复。

第三，调治兼邪，独重痰湿。石氏对伤科

的“兼邪”尤多心得。何谓“兼邪”？石筱山指出：“凡非本病，其发生不论前后，而有一个时期与本病同时存在的证候病机，都叫兼邪。”有因劳力辛苦而着寒，文献上称之为“劳力伤寒”，劳力辛苦内伤气血是本病，外感寒邪是兼邪。又如腰痛伤肾、风寒湿外侵、强力举重的闪腰等，其中强力举重的闪腰是本病，而与本病在某一时期同时存在的役用伤肾（即劳力伤肾）、风寒湿外侵都是兼邪。这类病例，“似伤非伤，似损非损，病者，果疑于似伤而来，医者，岂能混以为伤而治”。须审证辨因施治才能得效。损伤的人，生活在自然界和具体社会环境里，外受风寒暑湿，内有七情六欲，而且体质有虚羸壮实之异。一旦受伤，“肢体损于外，则气血伤于内，营卫有所不贯，脏腑由之不和”，除了损伤局部见有肿胀、瘀斑、畸形等诸证候外，尚有身热、口渴、纳呆、便秘等症。石筱山把凡因损伤而出现的一切症状都叫“见症”或“兼症”。损伤时有恼怒惊恐，或损伤后兼受风寒，则又有一番相关证候，更多见的是由于损伤后气血失和，易致风寒湿邪外袭，或因气血不和，内生痰湿留络。这些都必须辨析施治，否则独以损伤为治，难以见效。

在内治杂证法专论“挟表”中，石筱山指出辨形气虚实而分立主方，对兼邪须着重从病人全身情况入手，辨证求因。对伤科兼邪的施治，石氏堪称经验独到。“损伤变证”（变生他证）也包括在兼邪之内。伤后结毒不只是郁瘀化热，结毒成了由损伤引起，却与损伤并存的病症。石筱山认为，在骨伤科临床上，常见痰与风、寒、湿、瘀诸邪相合为患。其症更多是积劳或过劳所致。反复损伤，则导致气血呆滞，损伤日久，痰湿因之留恋，痰瘀交凝，筋损失用，而成缠绵难已之痼疾。损伤气血自属气脉闭塞，脘窍凝滞之类，易于痰聚为患。痰涎之为物，随气升降，无处不到，入于经络则麻痹疼痛，入于筋骨则头项胸背腰痛，手足牵引隐痛。积久聚多，随脾胃之气而流溢于胃肠之外、躯壳之中，经络为之窒塞，皮肉为之麻木，甚至结成窠囊，牢不可破。石筱山在《石氏理伤经验简介》中指出："这种损伤并不重笃。症状表现多种多样，或关节肿胀，或筋块，或麻痹疼痛，或有身热等等，所谓'痰生百病也'。患处残留疼痛、肿胀、关节拘挛与屈伸不利，或肌肤不仁、肌肉萎弱、筋结成块等，此皆气虚而为邪所凑。先父（石晓山）治疗这类兼邪，常以牛蒡子与白僵蚕同用，至我兄弟辈则发展为牛蒡子汤，加减化裁，广泛应用于临床。"或本虚标实，或虚实夹杂，须知日久必有兼邪。陈伤或劳损之类，多有阳气虚衰不足、卫阳不固，故腠理空疏，易遭致风、寒、湿三气杂至流走经络，凝滞血脉，遂成痹症，病情也往往更为复杂。由于人体经络发源于脏腑，气血运行亦赖于脏腑，若痹症迁延不愈，波及脏腑，亦导致络道不通，气血运行不畅，从而加重病情，调治亦较困难。故须及时温补脾肾，调和气血，此为“上工治未病”。

第四，勘审虚实，施以补泻。“百病之生，皆有虚实。”一般损伤之初，无论内伤外伤，多属气滞血瘀的实证。损伤而致气血不足者，唯在新伤出血之血虚，甚至气随血脱之候。这在开放性外伤及脏器损伤中每可见到。体质素弱而损伤者，属邪实正虚、虚中夹实之证。治疗当先调补虚怯之体，然后祛瘀，或攻补兼施，关键是审定患者是否耐攻。损伤之病，虽非外邪所害、七情所伤，然气血离经，瘀滞既成，则气血必因损而弱，甚至亦有重伤久不愈而导致人体阴阳气血脏腑虚弱。故理伤之际，既当攻其瘀滞，又应顾其不足。往往祛瘀在先，尔后调补肝肾，扶助脾胃以资化源。石氏强调，唯在调补脾胃与肝肾命门。损伤后由气滞血瘀的实证，逐渐转化为虚实夹杂，甚至因气散血失而虚脱，因此理伤应顾护正气。

石氏临诊精于辨证，勘审虚实。凡初损之后，日渐由实转虚或虚中夹实，此时纵有实候可言，亦多为宿瘀；而气多呈虚象，即使损伤之初，气滞之时，亦已有耗气之趋向。故必着眼于一个“虚”字。理伤攻逐之法，用补益之法为本。补法的应用是多样的，或先攻后补，或先补后攻，或攻中寓补，或攻前预补，灵活多变，但万变不离其宗，总以温补脾肾为主。脾胃功能正常，可使皮肉筋骨脑髓均能得到温养灌注。取益脾健运以促资化、滋补肾元以壮骨生髓的治则，可使耗损之气复原。在伤损后期或慢性损伤时，石筱山多用自拟验方“调中保元汤”，方中取党参、黄芪、冬术、熟地、山药、鹿角胶、川断、枸杞子、龟板、山萸肉、陈皮、茯苓、补骨脂、甘草等，是一张综合补中益气、六味八味、左归右归诸方参合化裁而成的方剂，充分体现了温补脾肾的学术思想。

石筱山治疗劳损与劳伤亦有心得。根据“百病之生，皆有虚实”的理论，损伤不论内伤外伤，多属实证，唯内伤中劳损与劳伤多属虚证，亦有虚中夹实者，如兼陈伤（即宿伤、老伤）或风湿等。“劳损”多起因于伤力，为持久工作，不注意劳逸结合，伤及阳气。清叶桂所谓“平昔操持，有劳无逸，阳气大泄”“无形之伤损”即属此证。乃因积渐而使体质衰弱。劳损之虚，涉及元气之伤，可使经脉之气不及贯串，气血养筋之功失其常度，故易见肩背酸痛，四肢疲乏，动作无力，进而腰酸、纳呆、头晕，甚至有关节变形等症。因为脾胃为后天生化之源，主四肢；肝肾（包括命门）为先天元气之所系，主筋骨；先后天互相资益。上述诸症都由脾胃不和、肝肾失调所致，故治疗宜予脾胃与肝肾之调补。

“劳伤”是劳损之渐（逐渐形成，久而累积）。“劳者，劳于。神气也；伤者，伤于形容也。”劳伤不愈则成劳损。清叶桂所谓“劳伤久不复元为损”，习惯上统称“脱力劳伤”。石筱山治疗伤病，在劳伤阶段，原则上先调脾胃，而后壮肝肾；或先壮肝肾，而后调脾胃。到劳损时则多先后天同治，气与血兼顾。方药大致参用补中益气汤、肾气丸、左归丸、左归饮等。后用新定的调中保元汤加减作为治劳伤筋骨、损及元气的常用方。

## 博古通今鉴医理
## 擅用药对创新方

疡医既包括中医外科，也包括伤科，在中国历史上起源最早，有文字记载的历史也很悠久。石筱山站在悠久历史的高度，理性地寻找“十三科一理贯之”的理论根据，并把这一理论建立在古往今来大量的临床实践基础上。

他从历史调查发现，人类与自然的艰苦斗争，经过了几千万年，常见的疾患就是肢体的“伤折”。由堕坠而致脏腑损伤、气血为患，这便是最早期医学典籍中所论述的频繁发生的外伤性疾患。而人类运用智慧创造出克服这种疾患的方法，无疑就是伤科实际活动的开始。石筱山从整个中医学发展的进程来认识中医伤科的历史，将石氏伤科理性地建立在梳理和调研伤科历史成果的基础之上（调研历史有助于确立石氏伤科的学术地位和诊治特色），坚持“十三科一理贯之”的理论特色，使石氏伤科在群星璀璨中脱颖而出。同时，石氏伤科的深厚底蕴，也来源于很深的理论修养和精湛的技术水平。

根据石筱山的研究，医学包括伤科发展的轨迹紧密联系着人类社会的发展，随着人类社会的发展，“伤折”的疾患也在增多。而随着时间的发展，实践经验的积累，治疗这种疾患的方法也逐渐趋于成熟。

石筱山归纳伤科历史时认为：从甲骨文中的“醫”字可以有充分的理由认为，自有人类就有伤科的实际活动，随着社会的发展，特别是经历战争，便奠定了伤科的基础。医在开始时就是进步的治疗技术，与伤科关系最密切。但在相当长的历史时期内，医巫结合，治病权在神权统治下一直为巫所把持，直到医巫分离，才使医学包括伤科获得了长足的发展。到周代时较健全的医事制度产生后，疡医（包括伤科在内）也取得了一席之地。

伤科是中医学遗产的一个组成部分，为劳动人民的血汗智慧积累所成。从历史文献《周礼·天官》一直到“二十五史”以及有关史料的记载中，石筱山认识了“伤科”成为独立学科的过程。

石筱山认为，中医伤科内容比较广泛，包括金疮、折疡所引起的疾患，不论病程长短都属于伤科范围，并不限于骨折。中医伤科的治疗方法是全面的，有内服、外治、手术、针灸等各种不同的方法。而中医学伤科是建立在解剖基础上的，其骨骼系统的解剖和现代标准非常接近，早期伤科的记载其主要部分就是对骨折的治疗。这正是石氏伤科学术思想形成的主要依据。

伤损可分为内外两类。皮肉筋骨伤多有外表体征可见，统属外伤。与外伤相对而言，主要是气血失和、脏腑损伤的一类则总称内伤，亦称内损。石筱山博古通今，将我们引入大量的古代历史文献和医学文献以及关于内伤诊治的实践之中。

石氏伤科的诊治特色包括三个方面。其中内伤证治最具特色，其理论基础就是石筱山"十三科一理贯之"之论。

第一，内伤证治，须辨脏腑气血。石氏伤科于此有独到见解。从最早的医学典籍《内经》到后世的《金匮要略》、《脉经》、《神农本草经》、《刘涓子鬼遗方》、《诸病源候论》、《外台秘要》诸书中都有堕坠损伤的论述。南齐人龚庆宣在《刘涓子鬼遗方》最早提出"内伤"一词，并有"金疮内伤蛇衔散方"。元代李东垣创立内伤学说，从"内伤脾胃，百病由生"立论，其中，"形体劳役"所伤与损伤有所关联，慢性的积劳损伤也可致脏腑损伤，气血失和。明代薛铠、薛己父子作《保婴撮要》，分立“跌仆外伤”与“跌仆内伤”条。内伤一证，可分为急、慢、新、陈等类型。凡堕坠跌仆骤然所致者为急性损伤，由劳逸失度、积劳日久所致者为慢性损伤。仅由一次损伤，或伤后短期内即发病的属新伤；如日久宿伤又发，或新伤未根治而缠绵日久者均属陈伤。然不论何种类型，其发病原理均系气血失调，脏腑受累。因此，内伤辨证应以气血为纲，可分为伤血、伤气及气血两伤三类，再就是必须参合脏腑辨证以全面把握证候。如症见喘促短气与呕吐恶心都可归之于气逆，这类气伤涉及肺胃两脏，喘促短气是肺气上逆，呕吐恶心则是胃气上逆。又如内伤眩晕一般有四种情况，即瘀阻清窍、气血亏虚、瘀阻耗血而肝阳上亢、肾精不足不能上充于脑，但临证时还必须按所见征象辨别属何脏何腑，并参照损伤部位加以分析，辨证施治。

第二，伤筋诊治，分类处置。石筱山十分重视伤筋的治疗，把伤筋与伤骨等同看待，认为整个疗程“伤筋动骨，一百二十日”，切不可以为伤筋而未及骨，仅是损伤轻症，因而将治疗与调摄予以疏忽，致使日久遗患于后。他强调：“是故筋之有关人身岂浅鲜哉，而伤筋之为病，其可忽乎，其治之严，可不谨耶！”在治疗上，石筱山指出，初受之际，当按揉筋络，理其所紊，施以必要的手法，另一方面，以节制活动为要，做必要的固定，药物内服外治，以化瘀通络。

伤筋诊治可分为三类，即由轻到重的三个层次：①不显著的伤筋：常因劳倦过度而形成。寒湿伤筋，湿地卧寝则病腰胯偏枯。初起暂时失去正常的活动能力，久而不愈，以致恢复困难。外象无青紫肿胀表现，但觉酸痛麻木。治疗当用敷料或膏药外治，内服汤剂或成药，辅以按摩手法和针灸。②不甚显著的伤筋：常出现在腕、肘、膝、踝等骱位，因别扭或支撑所致。外象无显著的青肿，但患处旋转失常。治疗主要用捺正筋位的手法，辅以敷料或膏药外治及内服汤剂或成药，可参用熏洗法。③有显著外形的伤筋：由外来某种因素如强度支撑等造成的伤筋，外象有青紫肿痛。如膝前伤筋，膝盖骨上有粗筋隆起，屈伸不利。但须注意与骨折绝对不同。治疗先用捺正拔伸的手法将隆起的粗筋纳入筋位，使隆起部分平复如常，恢复屈伸活动。再用化瘀消肿敷药敷裹，内服汤剂成药，并辅以按摩。

石筱山所说“若耽延时日，则筋膜干而成萎缩者”，与《内经》提法有所不同：“肝气热，则胆泄口苦筋膜干，筋膜干则筋急而挛，发为筋痿。”这一经文所指的多数是积劳所致的慢性劳损，常见于腰背臀部的慢性劳损，其实也包括损伤后的失治。至于“创伤较深，腘破筋绝者”，石筱山在早年采用中药治疗，化瘀清热内服，合祛腐生肌外用，都有独到的功效。

第三，石氏手法，“十二字诀”为用。已见前述，不再赘述。

药对，是中医用药的习惯配伍，配伍后，其主治性能发生变化，可收意想不到的特殊效果。药对应用广泛，或相需应用，或相使配伍，相需相使，类别复杂，不同医家都有其习惯而独特的经验。多数药对，首先功效比单味时增强；其次单味药的功效比较简单，配对后则其应用范围可以扩大，可适应复杂多变的临床病症。有些药物具有毒性、烈性，或具有副作用，容易引起不良反应。而与某些药味组成药对时，可制约其毒性、烈性，减轻或避免不良反应。药对是相对固定的配伍单位，具有一定的独立性，但在病情变化复杂时，可灵活变化，可以两个或两个以上的药对联合应用。石筱山的经验，通过调节药对本身的剂量，可改变药对的主治功效，以适应病情的不断变化。如桂枝配白芍以调和营卫，当卫表之证明显时，可加大桂枝的用量；当营血之证较重时，则相对加重白芍用量。

石筱山习惯用药对，常用的代表性药对主要有柴胡与香附、牛蒡与僵蚕、草乌与磁石等。

柴胡配香附，擅治内伤疾患。石筱山应用柴胡的独到之处，来自其父亲的经验。石晓山曾说：柴胡能升能降，得着一个"'和'字；只要善于使用，不论病在上、中、下哪一部都很适宜，真是治伤科内伤的一味有效良药。"一般人都认为柴胡能升，也有人说只能升不能降，主张能升又能降者则不多。根据石氏临床经验，石筱山认为，柴胡味苦，性微寒而质轻，为足少阳、足厥阴两经的引经药。故在脏则主血，在经则主气，以之治脏，是血中之气药，以之治经，是气分之要药。伤科内伤很多属经脉之病，因病尚在经而未入脏，故可用柴胡作为气分之药。按足少阳经的循行，由上至下，足厥阴经从下至上，柴胡既是这两经的引经药，故可以随经气的循行，通达上下。元代李东垣首先主张柴胡的作用有升又有降，认为用根酒浸可升，用梢可降。但据石氏平日应用体会，只要用之得当，不分根梢都有同样效果。柴胡用于阴气不舒、阳气不达之症最为适当。因其性微寒而味苦，亦能清热。李东垣认为“功同连翘”，同中有异。柴胡之用，以气为主。世人治郁多用香附，其实柴胡开郁更强于香附。关于使用柴胡的宜忌问题，明代张介宾的见解最为确切，他说：“邪实者可用，真虚者当酌其宜。”清代王士雄最忌用柴胡，甚至喻作砒鸩，但也指出柴胡于“血凝气阻为寒热者”可以例外。在伤科内伤初期，除体质素亏者外，大都属有余之症，因此每多合辙。至于用量的多寡，一般自几分至二钱，制宜而使。若平素对柴胡反应较大者，用时亦应注意。石筱山用柴胡的经验是，一定要和其他方药配合，而不单味使用，如配伍香附，用治内伤，因为内伤初成，卒然身受，其部位在头、胸、腹、会阴等处，属于瘀阻、气滞、阴气不舒、阳气不达。对头部内伤（脑气震伤）初期，常用柴胡细辛汤；胸、胁内伤，用复元活血汤或小柴胡汤；腹部内伤，用复元活血汤或小柴胡汤、金铃子散；会阴内伤，用柴胡桔梗汤等。

1960 年 10 月 10 日，石筱山治一例 43 岁张姓男子积劳之伤。初诊：胸膺左腋掣痛，引及右背，头晕胸闷，脉来细迟而涩。诊为胸部内伤。辨证属于积劳之伤，俾厥少两经气血升降循环为之不和。气血阻滞络道，病经岁月，去除不易。方拟东垣复元活血汤加减：软柴胡 4.5g，制香附 9g，川郁金 9g，台乌药 4.5g，全当归 6g，红花 3g，炙甲片 4.5g，瓜蒌根 12g（打碎，吞），制半夏 6g，丝瓜络 6g，降香片 3g，单桃仁 4.5g。石氏以东垣复元活血汤加减。方中柴胡、香附宽胸疏肝，宣通气道，行郁结，入厥少之经脉，为君药。辅以当归、郁金、降香、乌药等入肝、和血活血、行气息痛之药，使血各归其经；佐以桃仁、红花、炙甲片等逐络中之瘀，使血各从其散；同时运用半夏健脾和胃，消痞散结；然瘀血易化热，血瘀之处，必有伏阳，故用瓜蒌根、丝瓜络清之通之，由此使气血升降畅行，胸部内伤疼痛自平，元气得以安康。此方亦充分体现了石氏理伤气血兼顾，以气为主，以血为先的论治原则。

除柴胡、香附药对外，石筱山临证擅用柴胡为君配伍组方，用药颇具灵妙之处。兹以三则医案说明之。曾治一例 10 岁女孩头部内伤（脑震荡）。某晨，女孩上学将要误点，为了赶在上课前到学校而疾奔，慌乱中一头撞在电线杆上，顿时震伤脑气，昏迷不醒。石筱山见到病孩时，女孩已昏迷两天。他先予急救，针刺巨阙、风池，针后女孩略见清醒。检查其头颅面部破碎浮伤，呕吐，不能饮食，半边手足失去知觉。女孩清醒后，语无伦次，言眼睛不能视物。石筱山对浮伤做一般外伤处理外，予柴胡细辛汤合左金丸，另予服苏合香丸 1 粒。服后呕吐渐止。复诊时，女孩神志时明时昧，略有热度。用前法去苏合香丸、左金丸，改服至宝丹 2 粒。后神志渐清醒，双目复明。约调治 1 个月左右，女孩手足知觉完全恢复而愈。此例汤药以柴胡为君，以细辛为辅，治头痛脑伤；以半夏为使，能降逆止呕，以薄荷辛散辅助，再配以当归尾、地鳖虫、丹参、川芎、泽兰等化瘀活血之品。欲以升之，先以降之，用柴胡乃取其降浊升清之意，法为“化瘀升清法”。

又治一壮年男子会阴内伤。男子从梯上跌下，骑马似地跨骑在长凳上，坠伤海底即属厥阴经的会阴部，震动膀胱，以致瘀阻气化不宣，伤处肿痛难忍，延及少腹和阴茎，小便涩痛，尿血自流。石筱山认为，瘀阻阴窍，故有小便涩痛、尿血自流等症，兼有微热、口渴、烦躁、纳呆。法当运中通上，散其瘀而助气化，方用柴胡桔梗汤。服后小便果然渐爽，3天后小便得解，尿中血丝减少，7天后小便清澈无血，闭塞之症消失，兼症亦蠲，调理而安。石筱山认为此症之用柴胡桔梗汤，亦以柴胡为君，桔梗专辅柴胡之升清，升麻以助散热，延胡索、乳香、没药等以止痛，小蓟炭、牛膝炭下行止血，当归尾、地鳖虫、泽兰、丹参合而化瘀，血珀、桔梗通利阴窍，散瘀治涩痛。盖欲其降也，必先升之。用柴胡一味，取其升清降浊，亦可谓“提壶揭盖”法。

又治一例男性患者右胸胁陈旧内伤。病起于上一年夏，因负重跌仆，右胸肋受伤，伤在胁肋膜络之间。当时虽觉痛，尚能忍而未经医治，然两个月后疼痛复发，胸闷掣痛，拒按，外无明显症象，脉弦而微涩。伤在胁肋膜络间，胸闷掣痛，经脉气血壅塞未通故也。石筱山用复元活血汤加减，经四诊而愈。方中柴胡，作厥、少二经行经之用。根据是李东垣《医学发明》："肝胆之经，俱行于胁下，经属厥阴、少阳，宜以柴胡为引用为君。"

牛蒡配僵蚕，可通十二经脉，具有祛痰消肿、宣滞破结之功效。石筱山常用于治疗痰湿入络的伤科杂病，如颈椎病、肩周炎、腰腿痛、腰椎间盘突出症、肩关节周围炎、肱骨外上髁炎、桡骨茎突狭窄性腱鞘炎、髋关节滑膜炎、膝关节创伤性滑膜炎、拇囊炎。关于风、寒、湿三者，石筱山尤重湿邪，缘气血不和，痰湿每能凝滞经络。与内科疾病中脾虚生湿酿痰有所不同，骨伤科多见于损伤气血不和，内生痰湿留络。新伤多为痰瘀互结，劳损杂病多为痰湿入络。在痰湿论治中，特别强调与脾肾的关系。故主张其治宜温补肾阳，补火生土，以化散痰结。石筱山治疗痰湿每将化散与温补脾肾相结合，以自拟化散痰湿之"牛蒡子汤"为主，合补中益气汤、金匮肾气丸等相参运用，俾痰湿渐消，而气血渐和日调。牛蒡子汤由牛蒡、僵蚕、白蒺藜、独活、秦艽、白芷、半夏、桑枝等组成。若痰湿甚者，尚可加入制南星。大凡损伤病程较长者，临证每见痹痛缠绵、关节僵凝，天气阴寒则更剧，可移行至损伤肢体以外的部位。对此气血不足、脉络久瘀而风寒之邪留缠不已之证，治非辛温不能活血通经除痹，因而十分推崇“麻桂温经汤”，临床应用时加入益气之参芪及温经止痛之川草乌等则疗效更著。如头部内伤，瘀阻于上，清气不升，浊气不降，神明被扰，瘀阻不散，使津液周流障碍，痰瘀交凝，致使症情重笃。其治唯以祛瘀生新升清降浊合豁痰开窍为法。胸胁内伤，除了常用理气活血、化痰止咳之品外，更用白芥子去除由气血凝滞而聚积于皮里膜外的无形之痰。

草乌配磁石，有通利血脉、消肿息痛之功。磁石咸凉，可制草乌之峻烈，草乌辛烈，可制磁石之阴寒。石氏家传名方固腰汤即以草乌、磁石为君药组方。石筱山尤其擅长此两药治疗伤科疼痛之患，应用范围十分广泛，如骨折、脱臼、伤筋、劳损、宿伤等均可用之。该类疾病的疼痛机理为气滞血瘀，或风寒痹塞，或痰湿互阻等，使人体脉络不利，运行失畅而产生疼痛。

石氏兄弟对药物的炮制和调制也有较深体会，共同创拟的在社会上较有影响的外用方药有三色敷药、损伤风湿膏、阳和痰核膏、朱砂膏、红玉膏、三黄膏、碧玉膏、黑虎膏、接骨丹、伤湿止痛膏、香桂活血膏、筋骨酸痛药水、红粉散、青黛散、金锁玉匙散等。为了提高疗效，他们对家传外敷药“三色敷药”又加以改进：在敷药上盖一层薄棉纸，既能保持药效，又能防止药膏黏附于皮肤，即使揭起膏药也不会触动骨折部位，并于其上加敷其他药膏，或护肤生肌，或清热解毒，或散风止痒等，收效更佳。

石氏内治经验方“以血为先”的有麒麟散、化瘀续断丸、健筋壮骨丹、活血舒筋丹、理气止痛丸、和营理气丸、安脑宁神丸、健腰定痛丸、固腰补肾丸等。

在长期医疗实践中，石筱山还研制了柴胡细辛汤、石氏天麻钩藤汤、新伤续断汤等验方，对于脑震荡后遗症、胸腰椎压缩骨折、老年性股骨颈骨折等均有奇效。

## 广搜博采治学严 不囿门户集众长

石氏伤科与所有伤科一样都是从武术伤科起步的，但是石氏伤科的不同寻常之处，在于石筱山凭借着对事业的执著追求精神，舍弃了休闲，舍弃了祖上称雄武林的武功，不懈地勤学苦读。他习惯于把自己关在书房里，一杯清茗、一本专业书，静心阅读，以书伴随一生。在攀登书山过程中，他完成了由武术伤科向儒医伤科的修炼和转变。儒医伤科与普通伤科之不同，在于他更重视深厚扎实的文化底蕴。他站得高、看得远，胸怀博大，对事业执著。他不再注重提升自己的武术品位，而是更加关注求学和自修之途，以及中医理论修养和传统文化品位。他渴望拥有海洋般浩瀚无边的知识。他深知中医伤科文献是中医药宝库的组成部分，这部分知识及研究成果蕴藏和散在于各种医学类著作、文史类著作之中，可能被收藏在国家图书馆、集体图书馆、专业图书馆、公共图书馆里，也可能散在于私人手里，当然也有不少流失在国外。这些集中在专业图书馆的伤科文献虽然比较容易得到，但要搜集起来仍然极其困难。凭着个人的时间、精力和财力，其难度之大，可以想象。石筱山想尽办法搜集和阅读这些文献。有志者事竟成，他终于找到一条捷径，即从 20 世纪 60 年代初到 1966 年，个人出资聘用了两个学问好、中医基础扎实，又志同道合的助手（石筱山 1964 年逝世后，由其子延聘学术秘书到 1966 年）。他们是巢念修和祝尽梅，两人都有自己的职业，但都愿意每周六、日在书斋里伴随石筱山一起度过，一起工作，一起讨论。他们被石筱山人格魅力所感召，尽心尽力，输谋献智，竭尽秘书之职。他们不仅帮助石筱山在上海地区搜集资料，而且跋涉奔波于外地。他们曾在石仰山的陪同下到南京中医学院图书馆等地搜集资料，竭尽所能，从大量资料中披沙拣金地抄录。就这样，石筱山不仅如愿地阅读了所渴望阅读的大量文献资料，而且写成了有关伤科发展史的大量学术文章（如《从医史中认识祖国伤科的成果》），并且开展了关于历代伤科内伤学说的研究，写成了有关学术专著。阅读使他博学，撰著使他著作等身。在他身后留下了宝贵的精神财富。石筱山被尊为上海伤科八大家的第一家是当之无愧的。

20 世纪 60 年代，石氏伤科在学术上达到了巅峰，而此时石筱山无论精神和体力都处于最佳时期。也正是在此时，其所在学校把培养老中医学术接班人的问题提到议事日程，以解决当时老中医后继乏人的严重问题，为此学校党委作出决定，选拔一批青年学子提前两年进行专业定向培养，并为老中医程门雪、黄文东、陈大年、石筱山等人配备学术继承人。1960 年 6 月 7 日，学生诸福度与老师石筱山同时接到学校发出的函，曰：为了继承老年中医的学术经验，定于 6 月 9 日下午 2 时在本院 2 楼 217 教室召开中医带徒拜师大会。诸福度就是在这种形势下被选拔为石氏伤科学术继承人的。诸福度是上海中医学院 1962 年首届毕业生，他由一个农家孩子成长为石氏伤科的学术传人，应该说与石筱山的精心栽培和辛勤教导分不开。

1957 年 3 月 26 日，《健康报》曾刊登了一篇题为《对中医中药问题的意见》的文章，这是作为中医学家兼全国政协委员的石筱山，以全国政协二届三次全体会议精神为指导，从宏观的角度首次对中医药事业的现状和未来发展发表的真知灼见。如今，面对学校党委的举措，他再一次从宏观的高度去思考中医药、伤科事业的发展与继承问题，感到培养接班人的确是极其紧迫的问题。石筱山对学校党委安排的这次拜师活动非常看重，比以往私家门派接受弟子的任何一次都更重视。因为这是组织的信任和党的委托，事关整个中医大业。其后，石筱山对培养新一代弟子、学术继承人倾注了全部的心力。他精心培养人才有三步曲：第一步，临证抄方；第二步，研读古代医典；第三步，突破门户，博采众方。石筱山对弟子诸福度殷殷寄语："做到这三步，你肯定会超过我，我相信，一定会有那一天。希望你不负所望。"

传统师带徒的方法，先要临证抄方。石筱山为此投入的时间、精力最多。诸福度临证抄方，最喜向老师刨根究底，哪怕所提问题在内行看来幼稚可笑。学生的好学上进，最令老师欣喜。然而学生不择时机的提问，常将老师置于进退两难的尴尬境地。因为门诊时间石筱山是属于病人的，学生的提问，势必令老师分心两顾。为此石老师作出决定："晚上再说吧。"

他为诸福度专门开设了一周一个晚间的特殊课堂。在这个晚上，他让学生尽情提问，自己则知无不言。如此坚持有一年之久。这是一段多么特殊的恩遇！一个普通学子与一位伤科大家同处一室，他们面对面，心相印。学生尽情地沐浴师恩，享受“问师为什么，师云我记录”的情景对话。诸福度非常珍惜这段宝贵的时光，这也是他所整理的《石筱山医案和医话集锦》的来历，它既记录了一个学生前进的脚步，也记录了老师对学生倾注的全部关爱。时至今天，当诸福度拿出当年的记录时，仍会唤起这段回忆，特别怀念和感动。抄方和师生问答，使诸福度逐步理解并掌握了全套石氏伤科的理法方药和临床思路。诸福度由理解而进入创造，特绘制了两个圆周图表，其中涵盖了石氏伤科全部理法方药的临床思路。通过临证抄方、师生共处，诸福度还深刻感受到石筱山老师临证严肃认真、全心全意对待病人的高尚医德风范。

研读古典医籍。石筱山认为他自己能做到的，他的学术继承人也必须做到。他几乎让学生重新走了一遍他曾经走过的道路，显然他认为自己治学成才是一条成功的经验之路。为了引导学生一步步走上伤科名家之路，他不仅亲力亲为，而且委托助手祝尽梅给弟子辅导阅读。研读古典医籍成为石氏门人入门的第一课。

首先，诸福度接受了祝尽梅代表石老师对他的励志教育。祝老师说："男儿志气豪，读书欲望高。夜夜明灯下，苦学勤推敲。"同时，祝老师强调立志的重要性，强调治学之道"三非"的道理，即"非志无以成学，非学无以成才，非钻无以成专"，并用北宋苏东坡的"古之立大事者，不惟有超世之才，亦有坚忍不拔之志"，以及古人将学问之道譬作"穿井，井越深，土愈难出，不坚其心，正其行，岂能到源泉也"予以勉励，使诸福度终生难忘。进而祝老师引导他循着伤科发展之路，逐步研读伤科领域的重要典籍。石筱山三楼的书房始终为诸福度开放。诸福度在这里阅读经典，祝尽梅为他辅导。在这里，诸福度可以任意查阅资料，可边阅读边做札记和卡片。诸福度通过广泛阅读和知识积累，写出自己的另一份“伤科演变史”。他关门读书3年，精读薛己《正体类要》4遍，一遍比一遍加深理解，不仅认知石氏伤科坚持的观点“十三科一理贯之”的来源，进而也认识到为什么诊脉疗伤、辨证处方被称为石氏伤科的特色，那是因为“肢体损于外，气血伤于内，营卫有所不贯，气血由之不和，岂可纯任手法而不求脉理也”，达到对石氏伤科学术精髓的继承。随着阅读的一步步加深，诸福度在石筱山和祝尽梅的督导下，相继阅读了唐代《仙授理伤续断秘方》、明代《救伤秘旨》、清代《正骨心法要旨》《伤科体要》《伤科汇纂》等书，每读一本书，就写出一篇读书笔记。当他交出6

篇读书笔记时，石筱山欣慰地对他说："行了，师傅领进门，修行在个人。以后不用交了，你自己阅读就是了。"当市里伤科学会举办"中医伤科高年资医师进修班"时，诸福度应邀授课，讲稿《伤科古典精义秘要》即由当年的读书笔记经整理而成。

突破门户，博采众方。一个人的学识、业务能力与他的视野宽窄、胸襟博狭有密切联系。石筱山任上海市中医学会副主任委员兼伤科学会主任委员期间，站在整个中医事业的高度，跳出一门一户、一家一派的狭隘范围，自觉地以发展中医伤科事业为己任，表现出胸怀博大、眼光远大的大家风范。他要求学生不仅要闭门研读经典，而且要开门博采众方。所谓博采众方，就是要求突破自己，发展自己，拓展自己，充实自己。20世纪60年代，中医领域正处于人才济济、十分兴旺的最好时机。伤科学界名家还有魏指薪、王子平、佟忠义、施维智、陆云响、楚连芬、殷家骅、闵慰贞（因殷家闵家联姻，虽是两家，实为一家，故称“上海伤科八大家”）等。石筱山关注到兄弟门派胜过自己的地方，不失时机地指派诸福度前往瑞金医院骨伤科研究所进修，以吸取兄弟门派长处，发展石氏伤科。其实，石筱山的高瞻远瞩和难能可贵之处，就在于他不是从石氏伤科的个人或家族的前途出发，而是从整个伤科事业的前途出发，兼收并蓄，融会百家。石氏伤科重视方脉，重视内伤论治，甚至为了达到儒医伤科，不惜将武术专长全部抛弃，这正是普通伤科所不及的（但是，如果从分析历史经验教训而言，其利未必大于弊）。魏氏（魏指薪）伤科擅长外治，以练武与手法兼修，相互促进，以手法见长，而且有熏洗法、敷贴法等特色，单就熏洗方就有十三方之多，还配合丸散膏丹和中药内服，这是石氏伤科所不及的地方。因为魏指薪出身山东曹县，所以被称为北派伤科；石筱山出身无锡，被称为南派伤科。若将南北伤科石魏两家合流，就一定能产生新的流派，对于整个中医伤科事业将是一大发展。石筱山把眼光聚焦到造就新一代伤科大家上，既不属于魏家，也不属于石氏，而是新生的一代大家。可见他的眼光多么远大！

名师出高徒。高徒是名师经验的凝聚累积，是名师枝头的开花结果。1989 年，诸福度从上海市骨伤科研究所调往日晖医院任职，开设骨坏死专科。虽然由三级医院调入二级医院，但是他如鱼得水，充分发挥自己的专长，三年间收治“骨不连”病人 500 余例，对资料完整的 120 例进行总结，治愈率达到 95%。为此，这项科研成果获区级卫生局科研成果奖。诸福度被称为“上海地区中医药治疗骨坏死的开拓者”。饮水思源，此源正是老师石筱山殷切期望和辛勤教诲的结果。

## 薪火相继有人传
## 百年大业葆青春

在上海中医学院（现上海中医药大学）早年历届毕业生中，流传着关于石筱山与学生交往、师生感情弥笃的故事。

在石筱山精神感召下，他的周围凝聚了一批学生。1960年春节，几位学生相约于大年初一下午到石筱山处拜年，到了石寓门口，忽然想起石老师平时上课时的不苟言笑，顿生怯意，裹足不前。于是几人重新商定："出门看天色，入门看脸色。"如果不受欢迎，即刻离去。于是几个人重鼓勇气，按响了门铃。石筱山亲自出来迎接，邀请学生们上楼，他一一招呼，其热情诚恳，和蔼可亲，使学生怯意顿消。尽管当时石家还有其他宾客，可石筱山任由家属去应酬，自己却陪着这些学生，把招待学生当成正事。石筱山坐下来娓娓地和学生亲切交谈，对这些涉世未深的“未来中医”寄予厚望，予以鼓励。当听说六三年级学生有的来自小城市，有的来自穷乡僻壤、山坳田野，但学习都很刻苦，生活俭朴，成绩十分优秀时，他欣慰地点头。当得知来访的学生中有好几位就是来自外地农村的，为节约车资而没有回家过年，还利用假期在图书馆或教室里用功，他更是连声感叹。按无锡人拜年的习俗，石筱山让家人炒了一大盆年糕，然后和学生同食，边吃边谈，亲密无间，与学生一起度过了这一难忘的温馨而充满友爱的时光。

石筱山带教的一代新人在成长。施杞是石氏伤科代表性人物，1963 届毕业生，被分配到龙华医院伤科。他受到石筱山的邀请，到石家拜访。石筱山待人有不同礼节。接待一般客人或尊贵的客人，都在底楼的客厅里，分别以普通或庄重之礼接待；若视为亲近者或至交，则在三楼的书房里接待。施杞第一次登门即被安排在三楼书房里。他在老师家的第一次晚餐，吃的是家常饺子。石筱山推心置腹，语重心长，勉励施杞在伤科岗位上好好学，好好干，要干出一番事业，为祖国伤科事业作出贡献。施杞如今已是中医界德高望重的终身教授，但他永志难忘这一段珍贵的时光，并把石筱山这种爱生乐教精神继续薪火传承。

20 世纪 60 年代，石筱山曾与吴诚德带领学生一起查房，他对学生和同事的提问非常重视，尽其所知回答问题。查房后又到门诊接待病人，学生继续跟老师抄方，直到门诊结束。送走了最后一个病人，大家顿时感到腹饥力乏。这时有一个细节令施杞难忘，它最能反映石筱山与新老同事间和睦相处和相互关爱——只见石筱山从随身携带的包里取出两样东西，对在场同事和学生予以慰劳。他自己从不沾烟，但给习惯抽烟的人敬以香烟，给学生送以巧克力。巧克力在那个年代是稀罕之物。学生甜在嘴里，乐在心里。

1963年9月，学生秀珍毕业了，特地去向石筱山辞别，并报告自己已被分配在第五门诊部妇科的喜讯。石筱山听后欣慰地说："太好了，祝贺你！第五门诊部是上海中医名家的荟萃之地，你要好好学！一定会大有作为的！"他沉思有顷，随即在学生"毕业纪念册"上挥写了16字的临别赠言，将学生大名镶嵌其中："后起之秀，青胜于蓝，红专并珍，攀登高峰。"

石仰山（字锡煜）是石筱山独子，年少时酷爱体育，身体壮实得像头小牛犊，但不热心于祖传的医道。上中学时，每天放学，他便召集一批同学，去学校操场打篮球、踢足球，弄得满身汗水和尘土，筋疲力尽才想起回家。忠诚于祖业又为承袭祖业耗尽毕生精力的石筱山，岂能容忍儿子如此放纵！1950年，石仰山高中毕业，尽管他满肚子不愿意，石筱山仍决定让他停学跟随自己学医。家族的事业，关系着祖国中医事业，事业为大，石仰山只好捧起了医书。

石筱山是严父也是严师。石仰山学医后，只要见到石筱山切诊按脉，就一定恭恭谨谨屏气敛息地坐在一边，连大气也不敢喘，聚精会神地观摩父亲的一举一动、一招一式。为病人摸诊、按捺，最后一道程序就是石筱山口授，由石仰山抄方。起初，石筱山处方，总要向石仰山讲解组方药物的性味功用。后来，遇到同样病情的患者，石筱山便先让儿子拟写处方；儿子处方出来，他先让儿子陈述药的用途、为何用此药、何多何少等等，然后再亲自修改、增删。倘若石仰山思想稍有走神，应答不善，石筱山则会不顾场合，竖眉立目，严加训斥。坐在一旁候诊的患者目睹此情此景，也莫不颔首感慨“石氏有后，后继在望”。

由爱体育而改学医，石仰山有一个适应过程。再加上年轻人贪玩，晚上睡得迟，白天就显得疲惫困倦。有一天上午，石仰山抄方时不知不觉中睡着了。当着满屋病人的面，严厉的石筱山当头一棒将他从睡梦中敲醒。大庭广众、众目睽睽之下，这一响鼓重锤，如“当头棒喝”，令石仰山终身难忘。从此以后，他在学医的道路上再也不敢懈怠。

石筱山根据自己多年的实践深深懂得，要当一名合格医生，仅有临床经验是远远不够的，学好儒医伤科，还必须精读医书，具有扎实的医学理论基础。本着这一指导思想，1950 年，石筱山亲自登门拜访莫逆之交——当时的著名中医专家黄文东，恳请黄文东将仰山收为弟子。黄文东为人淳厚，爱才惜才，见石筱山如此心诚，自然满口应允。于是，石仰山白天跟父亲学习临床经验，晚上便到黄文东家，听黄老师讲解中医理论，回家后还要继续刻苦攻读卷帙浩繁、晦涩难懂的医学典籍，直至夜阑人静。尽管父亲与黄老师一个阳刚外显，一个怀柔内敛，但对每一个前来求诊的病人，他们都十分热情周到，悉心医治。尤其是黄老师的医德言行，给石仰山留下难忘的印象。如今，讲起这一切，年近耄耋的石仰山仍感慨万千："一个人若能遇到一位好老师，可影响他的一生。"

石仰山学医 5 年，经区卫生部门考核批准独立开业行医。从独立行医到 1966 年的 10 年中，石仰山一面继续钻研医学，一面根据父亲口述，整理出版了 20 万字的《石筱山医案》。

1964 年 7 月 14 日，石筱山因患癌症在华东医院逝世。7 月 18 日，在万国殡仪馆按全国政协委员规格举行隆重公祭。国家领导人宋庆龄副主席、周恩来总理以及全国政协、卫生部等单位敬送花圈。参加公祭的，有上海市统战部、上海市卫生局、上海中医学院等部门领导及众多的普通群众。《解放日报》分别于当年 7 月 17、19 日刊发了消息。

石筱山音容虽逝，事业长存。石氏伤科第四代传人有 20 多人，主要有石纯农、石仰山、石蕴华、傅永昌、梁劲予、杨锦章、诸方受、沈德骅、盛璞明、蒋立人、诸福度、罗济平、石印玉、石鉴玉、石凤珍、陆品兰、施杞、曲克服、陈国昌、奚鸿昌、石关桐、施超等。石氏伤科弟子对师门学术的继承发扬都有可喜的业绩。诸福度治疗骨坏死获上海市徐汇区科技成果奖；施杞依石氏经验开展的益气活瘀法治疗硬膜下血肿，获卫生部科技进步一等奖；施杞、石仰山等人还进一步突破学术传承狭隘传统的师传徒受模式，发展成为现代高等教育、规模教育的范式、导师制指导带教研究生现代教育的模式，并且将石氏伤科推出国门。石幼山之子石印玉曾会同师兄弟将父辈医案、验方等整理编撰成《石筱山、石幼山治伤经验及验方选》。石颂平之子石纯农在继承传统包括针刺治疗方面颇有成就。

在石氏伤科历代传人中，石仰山的中医理论功底扎实丰厚，他有丰富的临床经验，并不断向更高层次攀登。几十年来，石仰山继承和应用石氏伤科的理论和经验，为成千上万的患者治疗因跌打损伤而引起的内科疑难杂症，使他们解除了痛苦。

石仰山牢记“为医者应以仁慈为怀”的古训，竭尽全力奉行救死扶伤的人道主义。为此，他三次荣获上海市劳动模范光荣称号。

有一次，石仰山接治一位50多岁被车辆撞伤的女患者，见其小腿严重肿胀瘀血，皮肤开裂有碗口大，根本无法行走。患者的家又住得很远，由家属陪伴来一趟医院很不容易。石仰山决定定日定时上门，为这位女患者治病。有一天，正是石仰山要为女患者换药的日子，天却下起了瓢泼大雨，马路上盈水至踝及胫。患者家属打电话到医院，要派车来接，被石仰山婉言谢绝。当石仰山冒雨涉水来到患者家中时，患者激动地拉着他的手说："石医生，我真不知怎么样感谢您才好！"

又有一次，一位年逾八旬的老太太卧床不起，家属来医院想请一位医生上门诊治，但又难以启齿。石仰山得知后对患者家属说："我去看看吧。"患者家属又惊又喜又为难："石医生，您是名医，我们不敢给您添麻烦，随便请哪位医生都行！"石仰山说："其他医生也很忙，还是我去。"家属诚惶诚恐地要叫出租汽车，石仰山说："骑自行车方便，我有自行车，快给我领路吧。"就这样，石仰山踩着自行车一次又一次地上门，不下几十次，终于为老人治好了病。

据有人统计，石仰山到黄浦区中心医院担任副院长后，仍然每天坚持看门诊，常常一天要接待五六十个病人，有时忙得连饭都顾不上吃。另外，石仰山还业余出诊 300 多次，义务咨询500余人次。有的患者被他治好了病，悄悄地给他送来高档礼品，他一律拒绝接受，并且诚恳地对送礼人说："我们医务人员目前收入是不太高，但绝不能因此而收受病家财物，这样做，就会失去我们医生济世救人的品格。"前些年，有些人劝石仰山到海外定居行医赚大钱，他却丝毫不为金钱所动。

1990年9月，上海市黄浦区成立中医医院，石仰山任院长。医院以他为主建立了石氏伤科研究室，他与堂弟石鉴玉共同整理、总结石氏伤科的历史渊源、理论体系、经验秘方、诊断手法以及外敷药剂型改革工作。上海黄浦区中医医院和石氏伤科研究室的成立，为石仰山继承和发扬"石氏伤科"创造了良好条件，标志着石氏伤科进入了一个新的发展阶段。

石氏伤科研究室成立后，石仰山和自己的堂兄弟把祖上沿用百余年的"三色三黄"敷药，结合医院临床，经过几十次的调整研究和运用，然后同上海中药三厂共同开发，运用从日本引进的“巴布氏剂”生产流水线加工工艺，研制成新一代的骨伤外敷新药“石氏伤膏”“石氏伤膏”诞生后，经石仰山所在的医院以及上海曙光医院、上海第八人民医院、香山医院等八家医院进行试用，疗效十分显著。1993 年 11 月，“石氏伤膏”作为新型外敷用药，通过上海市科学技术成果鉴定，并且经上海市新药评审委员会认可，作为新药开发。

石氏伤科研究室还对石氏伤科其他药物进行研究和开发，目前已形成的制剂，除石氏伤膏以外，还有石氏伤筋药水、石氏外洗方、石氏风湿止痛热敷袋、石氏接骨片、石氏胸胁合剂及石氏腰痛Ⅰ合剂、Ⅱ合剂、Ⅲ合剂 9 种。原有专科独特的制剂有：三色敷药、三黄膏、红玉膏、丁桂散、黑虎丹、接骨丹、劳损风湿膏、消散膏。这些石氏伤科药物经临床运用，都有良好效果，深受国内外患者欢迎。

石氏伤科研究室除了加强对石氏伤药研究开发以外，还通过中医院这一窗口，着力对以石氏伤科为主的专科专病建设，开设专科特色门诊。

为了强化石氏伤科研究室的工作，医院特聘石氏传人施杞、石印玉等教授为顾问。上海石氏各家汇聚一堂，开设专家门诊。已开设6个专科专病特色门诊，如颈椎病、腰腿痛、骨质疏松症等门诊。在石仰山的领导下，医院建立了3个课题小组，不断加强对石氏伤科其他药物的研究和开发，目前已开发16种药品，如石氏热敷袋、石氏熏洗剂、骨密灵、骨密胶囊、椎脉回春汤等；申请的3项科研课题均已通过市区级科学成果鉴定，两项获上海市科技进步三等奖。

春华秋实，上海石氏伤科在百年光阴的薪火相传中不断发扬光大，已经成为儒医伤科中灿然独立的一大学派。作为具有深厚文化积淀的骨伤学科，在上海、在全国乃至世界都享有崇高声誉。其疗法在 2008 年先后被确认为上海市及国家级非物质文化遗产。当接受这项荣誉时，无论石仰山、石氏家属和门人弟子，还是黄浦区中医医院的领导和广大职工，心情都无比振奋。继承和发扬，任重而道远。

（撰稿人　楼绍来）

# 《中华中医昆仑》丛书 150 位医家名录

（按生年排序）

| | | | | |
|---|---|---|---|---|
| 张锡纯 | 丁甘仁 | 萧龙友 | 王朴诚 | 恽铁樵 |
| 曹炳章 | 冉雪峰 | 谢　观 | 施今墨 | 汪逢春 |
| 孔伯华 | 黄竹斋 | 吴佩衡 | 蒲辅周 | 陈邦贤 |
| 李翰卿 | 李斯炽 | 姚国美 | 陆渊雷 | 张泽生 |
| 时逸人 | 张梦侬 | 叶橘泉 | 王聘贤 | 陈慎吾 |
| 邹云翔 | 赵炳南 | 承淡安 | 余无言 | 刘惠民 |
| 岳美中 | 沈仲圭 | 秦伯未 | 赵锡武 | 韦文贵 |
| 程门雪 | 黄文东 | 赵心波 | 董廷瑶 | 吴考槃 |
| 章次公 | 石筱山 | 陆南山 | 张赞臣 | 李聪甫 |
| 刘绍武 | 陈存仁 | 朱仁康 | 陆瘦燕 | 姜春华 |
| 韩百灵 | 高仲山 | 李克绍 | 王鹏飞 | 刘春圃 |
| 金寿山 | 哈荔田 | 何世英 | 周凤梧 | 干祖望 |
| 关幼波 | 王为兰 | 任应秋 | 罗元恺 | 祝谌予 |
| 杨医亚 | 郭士魁 | 何时希 | 耿鉴庭 | 俞慎初 |

| | | | | |
|---|---|---|---|---|
| 裘沛然 | 顾伯华 | 江育仁 | 邓铁涛 | 门纯德 |
| 刘渡舟 | 尚天裕 | 朱良春 | 李玉奇 | 程士德 |
| 尚志钧 | 赵绍琴 | 董建华 | 米伯让 | 李辅仁 |
| 张珍玉 | 班秀文 | 颜正华 | 于己百 | 颜德馨 |
| 路志正 | 方药中 | 王乐匋 | 黄星垣 | 谢海洲 |
| 余桂清 | 何　任 | 王子瑜 | 程莘农 | 陈彤云 |
| 焦树德 | 张作舟 | 张　琪 | 李寿山 | 张镜人 |
| 王绵之 | 方和谦 | 印会河 | 王玉川 | 蔡小荪 |
| 李振华 | 马继兴 | 王嘉麟 | 宋祚民 | 刘弼臣 |
| 王雪苔 | 刘志明 | 吴咸中 | 李今庸 | 任继学 |
| 裴学义 | 王宝恩 | 周霭祥 | 贺普仁 | 唐由之 |
| 赵冠英 | 许润三 | 金世元 | 陆广莘 | 刘柏龄 |
| 徐景藩 | 吉良晨 | 吴定寰 | 沈自尹 | 王孝涛 |
| 张灿玾 | 周仲瑛 | 强巴赤列 | 张代钊 | 李经纬 |
| 郭维淮 | 柴松岩 | 苏荣扎布 | 陈可冀 | 李济仁 |
| 夏桂成 | 郭子光 | 巴黑·玉素甫 | 张学文 | 陈介甫 |